JN410686

현대문예 작가선 · 162

달팽이

| 김 진 시집 |

시인의 말

하루 하루 숨통을 조여오는 것들에 갇혀 생각을 쭈그리는 날이 많았던 고통의 세월, 그 무게에 짓눌려 가끔 맑은 하늘이 너무 슬퍼 삐진 아이처럼 고개를 들지 않았다.

언어에 목마르던 여름이 가고, 말들이 낙엽처럼 쏟아질 것 같은 가을이 왔지만, 누가 돌보지 않아도 홀로 뜨는 뭇별처럼 크게 달라지지 않는 시간을 늘 마주했다.

사소한 것에 얽매이는 사이 시간은 기다려주는 일 없이 초라하게 여기까지 날 데려오고, 그 끈을 놓지 못하고 붙잡는 이유를 말해주듯, 나를 이끌어주던

몇 편의 시가 문득문득 매화처럼 시린 바람 속에서 피어났다.

이제라도 묻었던 마음의 단상을 들어올려 지나간 길자리가 환해지길 기대하며, 쉼 없이 흔들리는 나의 곁에서 힘이 되어주신 모든 분들께 미흡한 첫 시집을 바친다.

날은 춥고 어둑해지는데 달팽이 한 마리 길을 잃지 않기를 소망한다. 어김없이 겨울이 오고 있으므로.

2021년 10월 김 진

김 진 시집 **

/ 다가가기

2 바라보기

3 마주하기

4 고백하기

1 다가가기

오늘

축복처럼
내렸으니
축제처럼
즐기긴
너의 몫
숙제라도
내려놓고
짐이라도
버려두고

아침

어제의 기억처럼
손들어 맞이하는
그리움의 시작

어제의 책장처럼
낯익게 읽혀지는
익숙함의 시작

미처 보내지 못한
미처 넘기지 못한

어제의 사진처럼
새롭게 돋아나는
설레임의 시작

아직은
늦여름 아침

날이 좋아

날이 좋아
날을 세워야지
녹슨 날을
갈아야지

날이 좋아
날을 세어야지
가는 날을
즐겨야지

날이 좋아
날을 기다려야지
시린 날을
견뎌야지

날이 좋아
날을 품어야지
지난날을
기억해야지

날이 좋아

날을 내버려 둬야지
그대로의 날을
사랑해야지

추억

감사한 날
행복한 날
그리운 날
쓸쓸한 날들의
추억은
다
의미가
있다
그래서
흘러간다
그냥
인생의
풍경처럼
멋
이
있다

젊음은

뒷모습이 싱그러운 것
걸음걸이가 상쾌한 것
사소한 것에 자지러지며 웃는 것
같은 옷을 입고 있는 것
머리카락이 반질한 것
어떤 옷도 어울리는 것
발 근육이 탱탱한 것

젊음을 보낸
나의 젊음은
젊은이를 보는 것

약속

온다 하지 못함은
그보다 진한 그리움

간다 하지 않음은
그보다 더한 아쉬움

그 이름 부르지 못함은
그보다 넘친 벅참

그 한마디 하지 않음은
그보다 더욱 소중함

만일 별을 딴다면
다만 내 별 하나만

만일 길을 간다면
다만 내 샛길 하나만

만일 약속을 한다면
오직 내 약속 하나만

네가 나를 기대듯이

내 너의 삶에 어깨가 된다면
망설임 없이 기대어도 좋다
빛을 피해 숨어드는 새는
축축한 동굴의 어둠에 기대어 살고
깊은 산 눈 속에서 홀로 피는 꽃은
독한 추위와 바람에도 기대었으리
기대기를 주저하지 않았기에
기다림을 멈추지 않았기에
너는 너로서 피어나는 법
가슴 한 번 활짝 펴는 일이
몽우리진 일들에 가려 쉽지 않지만
지금이 아니면 흐드러질 수 없을 것처럼
서로 기대고 기다려야 하느니
흉터로 얼룩진 나무의 등걸에도
어느 하나는 생명을 지탱하며 살고 있나니
네가 나를 기대듯이 나도 네게 기대고 있다

온전히 내 것이 아닌 것은

새 신발을 신었다
뒤꿈치에 생긴 물집처럼
온전히 내 것이 아닌 것은 나를 겉돈다
상처가 아물기까지 덧나고 덧나
새 살이 돋을쯤 내 것이 된다
내 몸이 아닌 듯 사지가 따로 놀 때
나를 짓누르는 것에 곤두선다
감싸는 것은 받아주지 않을까 두렵고
외면하는 것은 알기도 전에 떠난다
나에게 살가운 적이 있었던가
슬픔을 감추며 억지웃음 지을 때
아픔을 참으며 괜찮은 척할 때마다
나는 나의 소리를 들어주지 않았다
뒤뜰에 팔 잘린 나무가 나인 것 같아
푸석한 생각을 가지에 올려놓고
쓴웃음을 지었다

우물 안 생각

쓰면서 쓰지 않는 것을 택하여
벽 아래 쓰러진 바틀비*처럼
높이 우러르는 우물에 갇혀 있네
구멍 난 하늘이 돌베개 대신
구름 베개로 바꾸어 주네
핏자국 같은 노을이 지나면
죽은 편지처럼 조용하다
날갯죽지 잃은 지붕을 보네
묵직한 이마가 잠이 드네
우물에 갇혔네
앉을 자리 없이
쭈그린 생각을 접어
가라앉는 밤 서랍에 넣어두네
차마 말 걸지 못하고
달빛이 들여다보는 우물 안에
장마처럼 긴 생각이 내리네

* 바틀비(Bartleby, the Scrivener) : 필경사 바틀비는 미국 작가 허먼 멜빌의 단편 소설이며 1853년 베트남잡지의 11월, 12월 이슈를 두 부분에서 익명으로 연재했다. 허먼 멜빌이 창조해낸 필경사 바틀비를 수수께끼의 주인공으로 내세워, 한 번쯤은 작품의 출간을 거부하고 "NO" 라고 말하고픈 작가들의 상징적 인물로 활용했다. 이러한 "바틀비 신드롬" 을 탐구하기 위해 작가는 카프카와 페소아, 그 밖의 다른 작가들에게서 영감을 얻어 자신의 분신이라 할 수 있는 보잘것없는 사무원 마르첼로를 창조해냈다.

달의 기억

너로부터 시작된
밤하늘에 정착한 사연들이
그을린 얼굴에도 또렷이 새겨지고
바람을 따라가는 점지된 자의
부드러운 도자기 같은 말을
배경음악으로 삼을 수 있으니
차갑던 심장에도 불이 지펴지고
미로 같은 과수원 길 거닐던
풋풋하고 오래된 우정처럼
낡음 속 투명한 기운을
날숨과 함께 내뱉는
입김처럼 불어나는
무리로부터 벗어나면
자유가 된다는
너의 말

저 햇살을 길어다

저 햇살을 길어다
한 동이는 빈 가슴에 붓고
한 동이는 언 바람 담그고
한 동이 더 길어다
그늘진 너의 길에 뿌리리라

저 햇살을 실패에 감아
한 땀은 긁힌 심장을 시침질하고
한 땀은 멍든 구름을 박음질하고
한 땀 더 풀어다
해진 너의 길을 꿰매리라

아름다운 날

날도 맑고
그대도 맑아
맑은 것들은
흐린 것들을
가리고 있지
괜찮은 것들은
아픈 것들을
감추고 있지
흐리지 않고
아프지 않으며
날이 갈 수 있을까
하늘 맑고
그대 맑음이
눈이슬 맺도록
아름다운 날

풋사랑

담장 낮은 마을 골목마다
손때처럼 묻어나는 기억
창 너머 울타리로 흐르던 노래
문풍지 찢어 내다보던 집
오가는 그리움 꽃가루 되어
목 아프도록
눈 시리도록
오래 기다리던
작은 돌팍에도
늙은 버드나무에도
어제처럼 살아있다
밤이 저물도록
놓지 못하던 생각을
미루나무 아래 지나던
자전거 허리춤에 실어 보냈다
가슴에 전시된 미술관처럼
자꾸만 서성이다 어느 곳
머물러 오래 서 있고픈

너에게 쓰는 편지

어디 아파요
눈을 크게 떠요
그리움이면 좋겠어요
구깃구깃 접어놓은
붙이지 못한 편지처럼
받는 이가 없어도
마냥 설레이면 좋겠어요

어딜 보아요
고개를 들어요
늘 당당하면 좋겠어요
거친 물살에도
겁내지 않는 파도처럼
정해지지 않은 길이어도
계속 걸었으면 좋겠어요

어디로 갈까요
마음을 다잡아 보아요
이제 웃으면 좋겠어요
하다 남은 숙제처럼
생각을 쌓아두는 일 없이
내가 나에게 솔직한
그런 사랑이면 좋겠어요

별리別離

강 물결을 닮은 하늘에
새의 날개가 스쳐가네
그 소리 야단스럽게
여린 가지를 흔드네
듣지 못하는 이에게 소리치듯
빽빽하게 퍼지는 울음
나를 부르는 것인가
나는 대답이 없네
어떤 부름에도 물음에도
답하지 못하고
다만 나의 길에서 헤매일 뿐

머물러 있는 것은

비 오는 날 연방죽에 머문 것들을 본다
연잎에 보석 같은 점을 새기던 물방울이
서로를 끌어안아 중심으로 간다
중심에서 머물다 욕심이 차면
누가 시키지 않아도 비워낸다
연꽃 입술에 담고 있는 것은
통증을 견뎌내고 비바람 이겨내어
피어내는 사랑을 보여주기 위함
머물러 있는 것은 저를 위해 아프지 않고
다만 가슴에 그림자만 남기고 사라진다
짝사랑인 줄 모르고 애타는 줄 모르고
머물러 있는 이유 아무도 모르게
머물러 있는 것은 미련 없이
혼자여도 여럿이어도
꽃 그림자 하나 두고 간다

틈

소리로는 이유를 알 수 없이
목이 찢어져라 우는 새는
무슨 곡절이 있는지
생각할 틈을 주지 않는다
너에게 물어보지 않는 것은
스스로 다스릴 틈을 주는 것
묻지 않아도 대답하지 않아도
마음을 추스릴 틈을 주는 것
내게 주어진 오늘이
너의 오늘과 같을 수 없다
틈은 손댈수록 벌어지는 것
너의 틈을 메워 줄 수 없다
다 아파하고 일어설 때까지
그저 기다리고 기다릴 뿐
너의 틈을 채워줄 수 없다
나의 빈틈을 가린 채로
너의 틈을 바라볼 뿐
너와 나의 틈은 기다릴 때
더욱 또렷해지는 시간과 같다

꽃잎

그대가 여기서 사랑한 만큼 바라보다
남는 그리움은 가슴에 새길테요
그대는 축축한 배를 마른 풀잎에 대고
무심한 듯 기어가는 뱀처럼 외롭다 사라져요
그대가 오는 발걸음이 더디더라도
나머지 걸음은 재촉하지 않을테요
그대의 뒤에는 끝내 말하지 못한 아픔이
잡풀처럼 빼곡히 자리하고 있을 테니까요
그대는 한시도 허투루 살지 않았어요
한 잎 한 잎 멍을 담은 채 피를 토한 채
뼈가 잘리는 고통에도 아랑곳하지 않아요
그대가 가는 곳에 숨보다 가벼운 바람처럼
모서리 없는 침묵이 있길 바래요
그 꽃 속에 든 슬픔이 고스란히 삭을 수 있게
그대가 여기서 사랑한 만큼 바라볼테요

반짝이는 것들은 시력을 잃게 하지

반짝이는 것들은 시력을 잃게 하지
한쪽 눈을 감고 반쪽 눈으로 보아도
실눈을 뜨고 가늘게 쪼개 보아도
반짝임 앞에서 눈을 뜨는 건 어려운 일
오래된 색안경을 낀 눈들의 피안은
진한 차 유리처럼 속이 보이지 않는다
마음 벽이 높아 뚫지 못하는 것 같아
화가 치솟은 장작불처럼 이글거린다
그 눈에 반짝임이 주눅 들어 덜 할 것 같아서
단단한 유리 벽이 마른 장작처럼 조각날 것 같아서
반짝이는 것들에 불씨 흐려져가는 매운 연기처럼
이유 없이 눈물 닦지 않을거라는 다짐을 하며
무릎 꿇을 수 없는 삶을 토닥이며 여름날이 간다

초록의 너는

볕이 따가울수록 너는 선명해진다
너의 옆에서 살아가는 것들은
생의 의미를 따지는 것조차 건조하다
낯선 길에서도 너는 마냥 뛰어나고
맨바닥에 앉아도 부끄럽지 않고
공중에서도 두려움을 잊은 채
너의 존재는 삶을 깨우는 각성제
트고 아물고를 반복한 살로 계절을 버티고
목마른 땅에서도 당당해지는
너를 보며 나를 버틴다
너의 하루는 동쪽에서 서쪽으로
볕이 움직이는 대로
하늘빛이 변하는 대로
작은 그늘에서도 바람의 숨소리를 전하는
너의 위에서도 아래에서도
온전히 너의 둘레 속에 있는
너를 둘러싼 생은 활기를 주문받아
내 마음의 그늘을 너에게 기대고서
나는 너의 의미를 곳곳에 새기고 있다

저 트고 갈라진 사이로

저 트고 갈라진 나무에 싹이 돋듯
얼고 녹기를 반복하는 땅에도
마른 볕 들이칠 날 있으니
튼 살을 보이기 싫어 감추다
볕 닿은 양지에 나올 때면
그대 두 눈에 빛이 갈라지리
사랑으로 다가올 때는 그렇게 가까이
영원할 것처럼 가지에 꼭 붙어 있다
열매 다하여 이지러질 무렵
떠나는 것이 약속인 것처럼
그저 그뿐 이별까지 몰랐으리
트고 갈라진 생각에 파고드는
곱절은 무거워진 나무 위에 쌓이는
사랑과 이별의 교차로에서
계절의 수신호 기다리는 것처럼
트고 갈라지는 생각

달팽이 · 1

같은 짐을 지고
같이 가는
같이 있어
좋은 날들

쉬 보이지도
쉬 만들지도
쉬 꺼내지도
못한 날들

먼저 가도
나중 가도
에누리 없이
먹먹한 날들

달팽이 · 2

먼저 가려 애쓰지 않고
느린 것을 타박하지 않으며
일을 미리 걱정하지 않고
없음을 탓하지 않으며
낮음을 두려워하지 않고
가끔 고개 들어 하늘 보다
나그네처럼 서서히 저무는
밤이면 그대로 눈감는 집
부끄럽지도 부러울 것도 없는
하루에 하루를 더 해도
딱 하루만큼 가는 시계를 가진
혈혈단신 단칸방 주인

온도 차

두꺼운 옷을 입어도
아침이 차가운 까닭은
얇아진 마음을
두터이 늘려가라는 것이다

얇은 옷을 입어도
한낮이 따뜻한 까닭은
넓게 펼치면서
뜨거이 나눠가라는 것이다

구겨진 마음을 다림질하는
초겨울 햇살과 어우러지는
작은 새의 힘 있는 날갯짓

지친 마음을 토닥여 달래 주는
하늘에 기댄 큰키나무의 여백
그 사이를 거니는 구름 나그네

애써 두터워지려 하지 않아도
굳이 뜨거워지려 하지 않아도
너답게 나답게 걷다 보면 어느새 채워지고
때로 오다 다시 만나 뜨거워지리

차가움과 뜨거움의 차이는
단지 너와 나의 온도 차이

서두르지 말고 햇살 받으며
두려워 말고 깍짓손 다잡으며
한 발 두 발 천천히 다가가며
온도 차를 좁혀가는 것이다

우리

우리 서로에게 가시가 되진 말아요
때론 맨발로 걷는 그대를 위해
잔잔한 물결이 되어요

우리 서로에게 먼지가 되진 말아요
어느새 노안이 된 그대를 위해
맑은 이슬이 되어요

우리 서로에게 폭풍이 되진 말아요
어쩌다 모서리진 그대를 위해
떠받치는 우산이 되어요

우리 서로에게 텃새가 되진 말아요
여리고 작아진 그대를 위해
언제나 기댈 수 있는 나무가 되어요

우리 서로에게 땡볕이 되진 말아요
때로 지치고 스러질 그대를 위해
목마름을 달랠 단비가 되어요

우리 서로에게 상처가 되진 말아요

봇물처럼 터질 그대를 위해
든든한 방파제가 되어요

우리 서로에게 회초리가 되진 말아요
거친 파도를 견딜 그대를 위해
상처 닦아줄 손수건이 되어요

2 바라보기

연가지

낡은 것을 떼어내고
죽은 것은 묻어두고
숨은 것은 뛰쳐나와
웅크린 것은 일으켜 세우고
무표정한 것은 숨결을 불어넣어
견디는 것에게 박수를 보내고 나니
일일이 별을 박아 넣는 보석장이처럼
초연히 모습을 드러내는 것들
무슨 할 말이 많아
날이 다르게 까무러치고
손 내밀며 말 거는가
듣지 못하는 이야기를 해대는
저 수다쟁이들

산수유꽃이 필 때

어느 날 바람길을 돌다 보니
맘속에 피던 네가 피어있다
노란 아기 똥이 한 올 한 올
토독토독 터지기 시작했다
멀리서 시계꽃이 떠올랐다
아기 똥과 시계가 무엇한 관계일까
아무 일 없이 떠올랐다
아기가 너처럼 산뜻하다는 걸
시계꽃이 어린 세계를 불러 온다는 걸
노란빛과 바람이 숨바꼭질을 하고 있다
그저 바라만 봐도 좋다
그 그늘에서도 노란꽃이 피는
지금은 너를 바라볼 때
희미한 기억 속에 남아있는
잡다한 생각을 놓아줄 때
파스텔처럼 부드러운 감촉의
산수유꽃이 빛을 만나 웃을 때
여기는 노란빛의 나라가 되고
노란 생각을 곱씹어 본다

벚꽃놀이

이 봄을 불살라
울울창창 흐드러진 곳으로
발목 시큰거리도록 가소서
앞 가리울 속눈썹은 여기 두고
저 너머 해가 녹을 때까지
부디 돌아오지 마옵소서
호수 잔물결에 혹되지 말고
가던 길 서둘러 가소서
이 봄을 모조리 불살라 가소서
기다림은 누구의 몫이던가요

아까시

뒹굴어 다가오던 바람처럼
이름을 알지 못하는 너에게
부끄러워 물어보지 못했네
처음 한 줌이던 작은 얼굴
나이만큼 한숨 늘어
고뇌가 자라고 뼈가 굵어
수염처럼 자라 있었네
너의 이름을 아는 이제
맘 놓고 부를 수 있기보다
부를 수 없는 차오름이
그 이름 뭉클하게 하네
다시 너로 태어나도
당당하고 밝은 이름으로
부를 수 있기를
여기 보름달 아래
너의 이름 석자를 새기네

탱자꽃

아린 가시만 보았네
성근 가지만 있었네
엉킨 실타래 마냥
덩굴을 업고 있다가
어깨 한번 제대로 펴지도
그늘을 벗어나지도 못하고
하얀 꽃이 필 줄 몰랐네
밥알이 똑똑 여물더니
맑은 눈망울에서
하양이 익어가네
하루 이틀 밤을
짝사랑 하였네
눈 떼면 가버릴까
바람이 데려갈까
하얗게 하얗게
밤 지새네

제비꽃

돈다발을 깔고
나비처럼 앉았군
종이가 없어
땅에 그린 그림도
보랏빛 시간에 물들고
차비가 없어
십 리를 걸어도
꿈이 넘쳤던
아이처럼 웃고 있군
제비인 듯 나비인 듯
바람 부는 대로
살랑살랑 고개 흔들고
가랑비 오는 대로
화장기 번져가며
그저 시절 가는 대로
재잘거림 없이 있더군
돈다발은 언제 쓸 건지
슬쩍 훔쳐보려다
구석이 조각나 들켰군
토끼 귀 같은 수놈이 두 개
음흉한지 몰랐군

맑은 빗방울을 볼에 달고서
철들지 못하는 제비처럼
누굴 유혹하고 있군
빗살무늬 고운 나비를
품에 안고 있더군

접시꽃

여름이 익는 담장에서 당신을 봅니다
마른 얼굴에 웃음을 담고
찡그림 없이 햇살을 대하는
당신의 순수함을 압니다
후미진 골목에서 만나도
마음 고픈 이 있으면
밥 한 공기 뚝딱 해 먹이는
당신의 품은 넓습니다
사랑 잃은 이 있으면
민낯에 버선발로 뛰어나와
꼭 안아주는 당신이 좋습니다
그리 수월치 않은 당신의 삶을
내 팔 붙들어 고백하지 않아도
온종일 땡볕에서 고스란히 받아주는
당신의 고통이 더 크다는 것을 압니다
이 여름날 묵묵히 서 있는 당신을
보는 것으로 위안을 얻습니다
당신의 웃음 가운데 내 삶이 되살아나
당신과 함께 걸어가는 것이
당신의 진심임을 압니다

칸나 · 1

햇살 먹고
바람 마시고
비를 삼켜
꿈이
자랐네
여기
내
사랑이
피었네

칸나·2

내가 없어도 너는 피어라
향기를 모른다 해도 피어라
너의 큰 손보다 크게 피어라
너의 애절하던 꿈처럼 피어라
너 피는 걸 나 지키지 못한다 해도
사랑이 마를 때까지 뜨거이 피어라
언젠가 너의 이름이 기억나지 않는다 하여도

칸나 · 3

작은 생명들이 들어앉은 초등학교 울타리 안
작은 것들 속에 큰 불꽃이 올라와
아이의 속보다 좁은 이의 중심을 흔드네
노란 동공을 달고 꽃발을 딛고
사랑받고 싶어 사랑받고 싶어
고개 들어 사랑을 구걸하네
허름한 울타리 안에서
수인의 감옥처럼 온 힘을 다해
창살에 얼굴을 드미네
사랑 대신 빛을 걸식하네
아이처럼 떼를 쓰듯
사랑을 빛을 구걸하네
빛바랜 앨범에 담긴
말하지 못한 기억처럼

분꽃

아침 이슬이 말랐어요
아직 깨지 않았나요
게으름인가요
소심함인가요
낮의 묵상을 깨고
수줍게 화장한 오후
하루를 살아도
환히 웃으리란 약속과도 같이
홀로 즐기는 밤의 파티
아침 졸음으로 사그라드는
무엇이라 말할까요

도라지꽃 · 1

수줍은 듯 보고픈
너를 만나러 간다

약속 없는 기다림에
허옇게 센 머리칼
기약 없는 서성임에
퍼렇게 질린 얼굴

가까이 갈수록
애처로운 너를 만난다면
기억 속 부르던 노래로
가슴에 남겨진 노랫말로
잘 참았던 너를 다독이리

날을 더할수록
수척해지는 너를 본다면
가슴 속 오래된 친구처럼
서랍 속 낡은 편지처럼
꼭 숨겼던 말들을 꺼내리

철없는 사랑인 양
너를 만나러 간다

도라지꽃·2

꽃 질 무렵 헤어진
다시 좋아한다 말하면
못 볼 것 같아 굳게 다문
입술 사이로 새어나온
안개처럼 희미해진
무덤가에 두고 온 거짓말처럼
사라지는 고백

상사화相思花

고요하던 숨소리
정수리에 한숨 터졌네
뭐가 그리 급해
기댈 곳 하나 없이
불꽃 아닌
열꽃으로 피었나
벌건 얼굴에
물수건 얹으니
숨겨온 눈물 자욱
마냥 깊어라

코스모스

가는 목 끝에서
수줍게 웃는
오색의 수채화
기다림에 지칠 때쯤
성큼 다가와
말 거는 바람이듯
술렁이는 마음
아 가을이다

소국

내 마음보다 잔잔하여
내 얼굴보다 잘잘하여
내 미모보다 잘생기어
내 거울보다 잔인하여
넌 잔국

네 마음 잔잔하기는
가을밤 강물과 같고
네 얼굴 잘잘하기는
민들레 웃는 낯과 같고
네 미모 잘생김은
양귀비의 위안慰安과 같다

다만
네 거울 잔인함이
잔바람에 흔들리는
나만 못하니
내 잔망함 더하여
그리하여
넌
넌
잔국

국화 · 1

길섶에 앉아있는
색색의 작은 얼굴이
아침마다 볼 때마다
얼어붙을까 걱정하다
서로 얼굴 맞대며
입김 불어대는 사랑놀이에
잠시 안녕을 잊고
질투도 해 보고
안심도 해 보고
이러다 봄 그리다
너마저 그리울 테지

국화 · 2

눈이 마주쳐
빛을 잡아 당겨
작은 기지개로
웅크린 어깨로
나를 이끌어
오래고 몽근 기다림을
끝내려는 듯

은행나무

잎이 나는 동안
너의 맨살의 상처를 보고도
나의 아픔만 생각했다

잎이 크는 동안
너의 작은 꿈이 자라나도
나의 꿈만 작다 탓했다

열매가 되는 동안
너의 고통을 모른 척하고
나의 하소연만 늘어놓았다

열매가 떨어지는 동안
너의 속을 헤아리기보다
나의 불편함만 드러냈다

잎이 물드는 동안
너 혼자 견디는 쓸쓸함을 모르고
내 외로움만 토해냈다

잎이 지는 동안

너의 빈곤함을 깨닫기보다
나의 욕심만 채워갔다

잎이 없는 동안
너의 추위를 보듬기보다
나의 옷겹만 늘려갔다

너 잊혀진 동안
너의 가지에 핀 햇살을 보며
나는 너를 다시 그려야만 했다

갈대

하늘과 빚어내는 그림
건드리면 사라질까
바라만 보았어
그대 있던 길에
홀로 뒤척이다
데일 것 같은 태양에
눈을 떨구었어
그대는 저 태양 속에
이글거리다 타고
더딘 발걸음 옮기다
그때를 얘기했어
지금 있는 이 순간이
사라진 기억조차 틔울 거라고
쓸쓸히 해가 지나는 들판에서
흔들리는 그대 바라만 보았지

강가에서 · 1

강을 따라 걷습니다
몸서리치는 갈대에 이끌려 갑니다
물살을 끌고가는 물오리떼가 부릅니다
흰두루미는 한 발을 담그고 생각에 잠깁니다
빗살을 덧대는 물춤에 끌려 다닙니다
한동안 일굴 갈밭을 일없이 봅니다
초록을 잃은 땅은 금밭이 되었습니다
광부처럼 일일이 캐내지 않아도
금빛으로 일렁입니다
큰소리 한 번 없이 부르는 곳마다
그득그득 보석을 채워옵니다
버린 욕심만큼 보입니다
놓은 시간만큼 다가옵니다
앞서고 뒤처지는 일 없이 오롯이 갑니다
거스름 없이 흐르는 강물처럼 살포시
내 안의 얼음이 녹아내립니다
강물은 다스리는 일처럼
스승을 모시는 것처럼
차분하고 깊습니다

강가에서 · 2

물서리를 맞고 부풀어 있다
혹여 잘못한 일이 있더라도
시려운 발을 딛고 서는
겨울 강을 탓하지 않기를
어둠이 걷히고
물과 빛이 만나야
별빛을 만들 수 있는
강가를 거닐어 봐
풀빛과 물빛은 싸우지 않아
제 색을 내고 있을 뿐
마디 없이 빛나는 것들이 수북한 강가에 오면
실수투성이 네 삶을 고백해도 괜찮아
말없이 반짝이는 강을 바라보며
너의 헝클어진 얘기를 바람 소리로 끄덕여봐
철새들이 물 빠진 뭍에 잠시 쉬어가듯
네 지친 마음을 녹여가도 좋을거야
한 발로 서 있기 힘든 날이 있거든
때마다 부푼 억새를 가슴에 불러오기를
바람에 떠는 벗은 나무에게 물어보기를
길섶에 누운 풀의 노래와
밟을수록 단단해지는 흙의 무대는

널뛰기를 반복하는 너를 위한
위로의 연주일 거라고

빗속을 걸으며

비는 어디로 가는가
무심한 듯 무거운 듯
한없이 비를 먹는 나무
행여 기도가 막힐까
연신 토해내는 낙수대
온갖 찌꺼기 데려오는
구정물 받아주는 하수구
목 넘김이 얼마나 힘들까
한 컵의 물도 숨차오는데
모든 것을 안는 땅 위에서
순간을 반사하는 우산과
신발만이 나를 감당하고 있다
그 숨차게 달려오는
비는 어디로 가는가

석양 · 1

걷고 싶어 석양을 따라 걸었다
보고 싶어 벌건 해를 따라 갔다
가고 싶어 가는 해를 바라보았다
잊고 싶어 지는 해를 보내주었다
다시는 다시는 오지 않을
오늘의 빛을 가슴에 베껴 두고
떨어지는 해에게 안겨주었다

석양 · 2

저녁을 떠받히는 석양
건물에 담금질해도
자국 하나 없는
온전히 빨간 원 하나
마음에 담아 눈에 담아
물들어가는 길을
식어가는 태양을
뜨끈한 물에 타
마셔버렸다
석양이 목에 걸려 있다

석양 · 3

서쪽에 부서진 노을
그리움이라 이름 지으면
어스름 빛과 구름이 어울려
꽃잎은 멍이 드네
얼룩진 말들이 모여
저녁으로 기우는 사이
뱉어버린 말과
삼켜버린 눈물이 섞여
침묵 속으로
침묵 속으로
순간 속으로
이별과도 같이

노을

아무래도 난 달리기는 익숙치 않다
한 발 딛는데 나의 박자는 느리게
네가 그려놓은 그림을 빈틈없이 보듯
점점 느리게
멈추면 어때
소름 돋도록 결 좋은 붓칠
너의 흔적이 조금씩 지워지고 있다
하루가 저물어간다

3 마주하기

꽃샘추위

살다 보면
춥지 않을 때 있을까
봄은 언제쯤 올까
깊숙이 이불을 덮어도
무릎 시렵기만 한
빛을 날라다 줄
나무 한 그루에
마음을 심네
그 나무 클 무렵
언제 온 지 모를
봄이 가겠지

춘설春雪

발 사이즈로 생겨나는 소리
그 소리를 따라 가면
그곳엔 얼어 핀 길이 있다
강하게 피어나고 싶어
그 끝엔 가시나무를 두었을까
몽그작 몽그작 서성이다
지칠 때까지 엉덩이 힘을 주고
폴짝이는 새의 뒤꿈치를 따라간다
매일 드나들던 잡풀 더미의 발자국도
꽁꽁 눈에 갇히었다
속살 검은 대숲이 반백이 되었다

봄볕 아래서

봄 이불을 뒤집어 쓰면
그대 내 곁에 들어옵니다
지그시 눈을 감으면
살포시 깨우러 옵니다
봄이 깊을수록 명징明澄 해집니다
달은 숨어 보이지 않는데
그대 더 또렷해지는 것은
그대 내 속에 있기 때문입니다
손목이 아프도록 그립다 쓰고
발이 저리도록 봄길을 걷다
그대 품에 들어갑니다
그대 곁에 다가가
그대 품에 기대
선잠이 들어도 모르게
그대는 늘 따뜻합니다

봄날

심심하면 어때
하루치 햇볕 한줌이면
그늘 아래서도 떨지 않아
네게 건낼 편지 한 통 없어도
이 맑은 햇살 한 줄기면
떼쓰지도 무료하지도 않아
춘삼월 비워내고 사월에 누워
오월의 품을 기다리면 되니까

어디쯤인지 기억을 잃은 채
철쭉이 몽우리져 아파올 때
너의 정원에는 벚꽃이 만발하였겠지
저만치 가버리면서 또 오는 너에게
지난날 일편의 두려움도 잠시
그 따스함에 눈감고 있었지
님 찾는 새들의 목소리 높아갈때
엉켜버린 생각을 잠시 내려놓고

천천히 천천히
네가 그린 화폭에 기대어
서서히 서서히
너에게 물들어 간다

너에게 물들어 가는
오늘은 풋풋한 소녀가 된다
손끝 하나 놓치지 않고 따라가고픈

그저 바라봅니다

불러도 돌아보지 않기에
오지 않을 거라던 봄이
골목골목 바람을 몰고 옵니다
얼어 있던 강이 깨어나
제 색을 찾아가는 중이고
별처럼 빛나는 강가를 거니는 새
별들의 발자국을 잡으러 갑니다
봄의 가장자리를 걷는 이들은
봄에 흠뻑 빠져 있어 보이나
아니 그런 척 지나갑니다
무슨 말로 표현 못하는 봄을
감히 말하지 못하는 까닭입니다
연둣빛을 옅게 발하는 나무들
흰빛으로 마음 흔드는 매화
은빛 키를 재는 아기 은행나무는
풀밭에 기대서서 외롭지 않습니다
봄을 쫓는 분주한 바람이
가끔 눈을 감아 봄을 안아줍니다
터질 것 같은 봄을 어찌 하나요
봄의 시작에 닿아도 알 수 없고
봄의 끝이 어딘지 모르는 곳에서
봄은 말없이 모습을 드러냅니다
시작도 끝도 알 수 없는 여정이지만
그래도 봄이라서 그저 바라봅니다

4월

봄, 여기

놓고 가는 바람같이

붉은 심장 켜 놓고

사라지는

그리움

어린잎들이 펼치는

축제에 퍼지는 햇살

점점이 가둬놓은

그리하여

홀로 견디는

봄

봄비

봄이 길모퉁이에서 웁니다
우는 소리 하도 가늘어
귓속말처럼 가까이 대어봅니다
댓잎 씻는 소리마저 없어
괜찮냐곤 답이 없습니다
내내 봄 기다리던 은행나무는
거친 살갗을 내밀어
묵은 때를 닦아냅니다
봄 곁에서 떠는 매화의 눈이
새초롬히 젖어듭니다

봄의 말

하늘 바람을 타고 달리고 싶은
길마다 희살 짓는 걸음걸이에
손 닿으면 놓칠 것 같아
가까이 가지 못했지
가는 손목을 움직여
정성스레 그늘을 준비하는
비단처럼 섬섬한 빛깔이
여기 빛나고 있어
너의 순수함은 하얀 꽃길로
너의 수줍음은 분홍 향기로
너의 열정은 붉은 옷으로
너의 창조는 노란 망토로
너의 진실함은 늘 푸르름으로
너의 존경심은 너그러운 물결로
미처 말하지 못한
차마 뱉을 수 없는
색색이 물든 말

초여름의 옷자락

늦은 봄 겨드랑이 사이로 여름이 파고든다
겨우내 마른 살 견디다 터져 나온 싹이
어느새 연두 비단으로 지은 저고리를 걸치었다
늦봄이 아스라이 매달린 밭두렁에선
찬장 바구니에 들어앉은 꼬들해진 밥처럼
여름 냄새가 베어들기 시작한다
흙냄새 풀 냄새 물 냄새가 짙어지고 있다
비를 머금은 들판엔 간간이 소 먹일 풀들이
초록 머리를 바람에 말리며 빗질을 한다
머지않아 개구리 소리 울창할 논에선
갈아 업힌 흙들이 속을 훤히 내보인 채
무지갯빛 가야금 선율에 일광욕을 한다
여름의 냄새처럼 개구리 울음처럼 뒤집힌 흙처럼
너의 속도 전부 까발리고 싶다
산으로 가는지 들로 가는지
강으로 가는지 알 수 없이
초여름의 옷자락은 한가롭고 싱그러우면서
갓 짜놓은 참기름을 바른 듯 번지르르하다
여름이 미끄러지듯 계절의 문턱을 넘고 있다

여름 안에서

여름 안에 지그시 눈 감으면
말랐던 가슴에 바람이 불어
두 뺨을 어루만지는 것처럼

여름 그늘에 살며시 눈 감으면
지나치던 매미의 노래가 들려
칠 년의 인내가 열흘에 벤 것처럼

여름 벽에 가만히 눈 감으면
등을 적신 땀방울의 이야기가 들려
우물가에 등목하던 아이의 비명처럼

여름 속에 살포시 눈 감으면
온몸을 감고 도는 강물이 보여
까맣게 타는 줄 모르고
냇가에 멱감던 깨복쟁이들처럼

여름 일기를 들추다 눈 감으면
같은 글귀에 같은 눈물이 차올라
아주 오래된 영화를 다시 보며
그 장면에 눈물을 훔치는 것처럼

여름 곁에 시큰한 눈 감으면
막연했던 나의 길을 찾게 돼
그 해 유행하던 감기에 걸린
아이의 열병이 나은 것처럼

여름 안에 눈 감으면

여름 소나타

오늘은 일찍 눈을 뜨자
종일 기다리지 않아도
너의 발소리 들려올테니
헐렁한 반팔셔츠에
맨발 드러내도
너털웃음 흘려올테니
햇살이 신음해도
너여야만 하는 오늘
너와 마주하고 남는
긴 목마름의 끝에서
냉수 한 잔에 다시는
내일이 오지 않을 것처럼
시간을 통째로 삼켰다

가을 아침

가을 아침 의자에 앉으면
저만치 안개 걷힌 산이 물러나 있고

가을 아침 찻잔을 들면
그 속에 파란 하늘이 드리워 있고

가을 아침 창가에 기대면
무던히 울어대던 풀벌레 사라지고

가을 아침 길 위에 서면
어제 못 본 바람이 마중 나와 있다

가을 아침 가을을 보며
가을을 속삭인다

가을 옆에서

매미소리 낮아지면 길 비켜주듯 가을이 온다네
홀씨처럼 흩어진 풀벌레가 너를 부른다네
계단 오르는 발소리 가벼워지는 너의 문턱에서
습관처럼 찻잔 들어 창가에 기대는 가을이라네
벼낟알을 걸러내는 풍고처럼 부드러운 날개를 단 가을바람이
저 홀로 버티기 힘든 시간 강가로 이끄는 것은 가을의 유혹이라네
남은 커피 한 모금 소리 내 들이켜도 아쉬운 것이 가을의 쓸쓸함이라면
빗방울의 크기를 재려 손을 뻗는 것도 설레이는 것은 가을의 체온이라네
또각또각 우산코 박히는 소리처럼 소풍 같은 너의 마실길이 끝나고 나면
숨소리 커지는 빈방의 외로움이 가을 맛이라네
가을 소리를 알기 전에
가을을 안다고 하지 말며
그리운 것을 그리운 채로 내버려 두며
아픈 것을 아프다고 말하지 않고
너른 그 가슴팍을 한없이 바라보는 것이 가을이라네

시월의 마지막

시월의 마지막을 사랑하였다
기다리고 보내는 계절 없어도
산 아래 소쩍이 슬피 울어도
시월의 마지막 날을 사랑하였다
앞산에 속삭이는 햇살의 말도
노란 두껍을 쓴 벼의 실랑이도
들릴 듯 말 듯 보일 듯 말 듯
휘파람새의 애틋한 목소리로
저녁 산그림자의 다독거림으로
시월의 마지막이 다시 올 때
예전의 시월을 이야기할 것이다
지나온 일이 아쉬움으로 물들어
낙엽으로 지기 시작하는 날
시월의 마지막을 더욱 사랑하리라

낙엽 · 1

입술 하나

두고 간 님

가슴에 이는

그리움

스치는 바람

님의 소린가

맴도는 하늘에

잔그림자

번져가네

낙엽 · 2

하지 못한 말
훌훌 털어
날려 보낸다
아파도
시려도
끝내
내려놓아야 한다

쉽게
그렇게
할 수 있음
좋으련만
휘는 바람
발걸음 잡고
돌아온다

낙엽 · 3

비가 우산을 가리지 않듯
처음부터 정해놓은 건 아니었다
마음이 젖은 날은
마른 비를 맞는다
약속 없이 비가 내리듯
거처 없이 머물다 간다
돌리기에는 이미 때늦은
비 오기 전 우산을 준비하듯
이별에도 예습이 필요한 걸까
시린 바람 사이로 멀어지는
맑은 길에 비가 내린다
갈잎이 바스락거리며
안녕

가을애

미처 오르지 못한 나무처럼
그리움 남겨 두었다가
그렇게 차갑게 꺼내는 아침
외로울 찰나도 없이
잘가라는 인사도 없이
뒤돌아서는 가을
한 장 사진 담지 못하고
그 푸르름 저물어 가고
야문 열매 한 개 없이
얇은 이불 벗어 던지며
저만치 멀어져가는 가을

가을 뒤

입동에 가을비
잎 떨구는 길

가슴에 그림 하나

사랑스런 날들은
아픈 날들을 덮고

짧은 날들은
긴 날들을 덮어

그대 보는 창가에
그리움으로 남을

인생에 수채화 한점

서리꽃

넌 나에게 왜 빠졌을까
옷도 없이
향기도 없이
이렇게 앉아 있는데

난 너에게 왜 빠졌을까
정도 없이
눈길도 없이
그렇게 지나치는데

넌 나에게
차가운 미소로
견디며 사는 법을
가르쳐 주었고

난 너에게
하얀 눈물로
기대어 사는 법을
깨닫게 했으리

넌 나에게
난 너에게

겨울꽃이 되어 주었다

겨울비

이 아침 뿌리는 비는
네 팔뚝에 새겨진
부끄럼 같은 땟자국을
지우기 위함이야

이 대낮 흩날리는 비는
네 얼굴에 내려앉은
그늘 같은 표정을
밝히기 위함이야

이 저녁 굵은 비는
네 마음에 들어앉은
그림자 같은 오랜 상처를
감싸기 위함이야

이 밤 아직 내리는 비는
네 피 같은 시간이 만들어낸
눈물 같은 그리움을
재우기 위함이야

이 새벽 몰래 내리는 비는

네 작은 꿈이 사라질까
어둠 속에서 빛나는 별처럼
사랑스런 너의 미소를
지켜주기 위함이야

눈

살아간다는 것은
안개꽃 같은 그대를 보는 것

살아있다는 것은
그대 살점에 발자국을 새기는 것

뽀드득 뽀드득 새날을 여는 것
두터워지는 맨살을 마음비로 쓰는 것

산다는 것은 차가운 그대에게 말을 거는 것
언 발을 내딛으며 그대 바라보는 것

잠시 멈췄던 하얀 이야기가 시작되는 것
가끔 해와 마주쳐 별빛을 만들어내는 것

산다는 것은 내내 그리워지는 것
그대 오는 창가에 오래 서성이는 것

첫눈 · 1

동그란 마음을 그리네

가시처럼 마른 조각들을 주워다

동그란 우물을 만드네

사라질까 멀리서 바라만 보네

첫눈 · 2

하얗게 덮어버리면 좋겠다던 친구의 말이 이루어졌다
그는 덮어버린 일들이 얼마나 될까
어쩌면 덮어야 하는 것을 묻어버리고
눈이 녹을 때쯤 감쪽같이 사라지길 바랄지도 모른다
그러면 잠긴 시름이 잊혀질까
나 때문에 힘들었던 사람들
나에게 고통을 안겨준 일들
내가 나에게 주었던 비명들
모두 덮어 잊어버리고자
흰 눈을 마주한 거리에 되도록 긴
나의 넋두리를 늘어놓는다

싸리눈

돌틈에 쌀겨가 박혀 있다
밤새 찧어놓은 쌀방아를
아직 솥 달아 찌고 있는 길
설날 까치발에 달아줄
가래떡 만드나 보다
배불리 주워 먹고
힘있게 날아다니라고
새벽 틈바구니마다 쿵덕쿵덕
방앗간이 쉴새 없이
가래떡 만드느라
바삐 돌아갔을 것이다
지난 시간을 돌리지 못하듯
어느 순간 손끝으로
어느 순간 발끝으로

겨울 길 위에서

가만히 서 있는 것으로
겨울나무는 참을성을
모습을 비춰주는 것으로
반사경은 바라보는 법을
고개 들어 마주하는 것으로
하늘은 멈춰서는 법을
뺨을 어루만지는 것으로
바람은 어울려 사는 법을
불평 없이 구르는 것으로
낙엽은 순응하는 법을

인도 없이 다니는 법을 배우지 못해
차 없이 다니는 법에 익숙하지 못해
벽 없이 다가가는 법을 알지 못해
색깔 없이 사는 법을 깨닫지 못해
신호등 없이 건너는 것을
누구도 알려주지 않았듯이
길 없이 가는 법을
길 위에 서도 알지 못하는
길치가 되는

맨손으로 뜻을 전하지 못해
손에 쥔 전화기를 놓지 못하는
연락 없이 약속하는 법이
어디에도 없다는 듯이
첫 눈 날리는 날에
손톱 끝 봉숭아물 꼭 쥐고 기다리던
설레이던 날을 기억하지 못해
길 위에 눈이 덮여도
감각치가 되는

그림자 없이 사는 법을 알지 못해
그림자를 밟고 지나가도
한여름 그늘의 고마움을 잊은 채
겨울 응달의 한기를 불평하는
양달에서도 겨울의 기쁨을 알지 못해
부츠와 점퍼가 거추장스럽다 하는
어느 계절인들 불평과 불만을 길 위에 뿌리는
감사와 고마움을 알지 못해
인간 로봇이 되는

길 위에 서서 길을 알지 못한다.

겨울 애상愛想

눈꽃 떨어진 눈밭은 설레임
몰래 발자국 데려가고
살짝 되오는 소리
너 남기고 간 자리마다
내 낙엽 하나씩 떨구고
언 시간에 갇힌 강물에
돌 몇 개 던져 안부를 묻는다
나무처럼 굳어버린 물길에 서서
네가 그린 그림을 보다
서리꽃 인 가시 등이 시려울까
걱정 아닌 걱정을 얹어보고
친필 싸인 적어 날려 보낸다
울지 않는 지빠귀의 날갯짓
옮겨가는 바람의 발자국

겨울 배웅

그대 떠난 날에도
봄을 재촉하는 비 내리고
매화 수줍게 피어났지요
대신 울어주는 하늘이
촉촉한 미소를 짓더군요
곁에 있어 행복했노라고
희끗한 머리 조아리는
나의 어깨를 쓰다듬었죠
그대 이사 가는 날에는
유난히 맑게 개었지요
지칠 줄 모르던 비 그치고
젖은 팔뚝 다 마른 나무에도
그대의 손길이 묻었지요
이제 나는 그대가 걸어놓은
색동 등 켜가는 일로
날을 바쁘게 보내겠지요
등불 꺼지는 날엔 쉬었다
어쩌면 깜박 졸았다
가는 길 잊어버리더라도
그대 가신 길 외롭지 않게
그대 온기를 기억할께요
나의 그대여

4 고백하기

빨래

단단한 볕에

빨래를 넌다

널 버려두고

날 말린다

걸레질

유리 깔린 책상을 닦았다
잘 닦인 것은 투명하지만
얼룩지고 찌들은 것은
좀처럼 지워지지 않는다
사뭇 진지한 사진 위에도
곱게 적힌 이름 위에도
시간을 타고 흐르는 상처가 있다
단번에 쓱 사라지는 기억
거듭 지워도 버거운 흔적
칼에 베인 유리처럼
얼키설키 맴도는
공간에 주차한 이야기들

독

채우려 채우려
채울 수 없어

덧셈하는 욕심
헤일 수 없어

갇혀버린 독

채우려 채우려
채울 수 없네

불면증

긴 하루 끝 생각을 눕혀
남은 시간을 기대본다
눈을 감고 새우처럼 웅크린다
마지막인 것처럼 잠들자고
애써 주문을 외워본다
잠들지 않고 오가는 잡념들
바이러스의 일침
지지 않으려고 더욱 웅크린다
가스 찬 배가 불룩해진다
통증이 밤을 누른다
이렇게 새는 날이 이어지면
아기 울음소리보다 커진
공포가 밤을 휘감는다
자는 것보다 깨어있어야 하는
날이 많아지면
낮 또한 두려운 밤이 된다
밤을 잊고서 잠드는 일
그 언제 수월해질까

세수

먼지처럼 괴롭히는 사랑
눈을 뜰 수 없네
뿌연 사랑에 이끌려
포로처럼 잡혀 있네
날아가지 못하고
그대로 먼지가 돼버린 사랑
유령처럼 잡을 수 없네
알아갈수록 미궁으로 빠지는
그런 사랑 홀로 놓아 버린 채
얼룩진 옷을 털어내고
늦은 제를 지내듯 세수를 하네

술 · 1

그간
고단함을
노래하다
끝내
집착이라던
하루를 삼켰다
씹을 건더기 없이
깔끔하게

술·2

살아갈 이유 찾다
매일 찾은 술
살아갈 이유 없다
또 먹는 술
죽을 이유 찾다
홀로 채운 술
죽을 이유 없다
또 한 잔
삶도 술
죽음도 술
인생은 술처럼
술술 하루를 넘기고
나도 술술
인생을 넘긴다
넘고 넘긴 술이
수도 없이 술술

오르막

도시를 찌르는 매미의 울음
소리가 오르고 있다
키보다 자란 깡마른 접시꽃 대
키가 오르고 있다
고층 아파트를 위한 고공 사다리
집이 오르고 있다
전봇대 위로 질주하는 담쟁이
기온이 오르고 있다
하늘을 활보하는 요란한 헬리콥터
사람이 오르고 있다

딸과 고양이

눈이 동그란 고양이와 딸 눈이 닮았다
그래서일까
딸은 며칠 전 데려온 새끼고양이를
배 아파 낳은 자식보다 정성으로 돌본다
배고프면 따신 물을 데워다 적신 먹이를 먹여주고
울면 하루 종일 안아준다
내가 저를 키운 것처럼 저도 고양이에게 그리한다
고양이는 사람도 아닌데 사람대접받는 게 싫어서
일까
내 눈엔 고양이 먹고 자고 우는 게 탐탁치 않다
그저 딸 힘들까만 걱정된다
이기적인 엄마의 심정을 아는지 고양이도 딸도
내 눈치를 본다
품에 안아줄 때에도
오줌똥을 누울 때에도
물과 먹이를 줄 때에도
딸랑이를 가지고 놀 때에도
코까지 내려와 발을 괴고 자는
구슬보다 더 동그란 눈을 감은 녀석을 살짝
흘겨만 보았다
고양이도 딸도 눈을 피했다

이틀 후 헤어져야 하는 딸의 마음은 벌써 무겁다
찡그린 날씨처럼 잔뜩 흐려있다
그렇다고 생각을 바꿀 수는 없다
이번 약속은 꼭 지켜져야만 할 약속이니까
호랑이 이빨과 발톱을 감추고 있는 고양이처럼
이별을 아파할 딸을 나는 모른 채 할 것이다
고양이 보내는 날은 바람이 한껏 불었으면
한쪽으로 고개 돌리면 다른 한쪽은 보이지 않게

그녀의 눈썹을 그리다

눈썹을 그리다 희끗한 새치를 보았네
너의 소명이 검기만 한 것인 줄 알고 살다가
주름진 툇마루를 떠받치는 뿌리가 되었네
푸르기만 한 삶은 아니었으니 검다 희어져
메마른 샘도 건너다 때론 넘어졌으리
기름진 땅 아니어도 식구 배불리 먹을 만큼
괭이 들고 호미 들어 눈이 퀭할 때까지
온몸 뻐근할 때까지 밭을 일구었으리
볼록한 눈두덩이엔 여문 들깨 흩어지고
눈물 마를 날 없는 밭고랑엔 뚜렷한 주름
시력이 같은 두 눈처럼 양 입가엔
보조개처럼 깊은 고됨이 살고 있네

친구

내리는 빗줄기에
비가 좋다던 너의 얼굴이 있다
그 하늘도 기쁨이더냐
아직 온전히 받아들이지 못한 나는
너의 빗속을 걷고 있다
문득 너처럼 비가 좋아지는 날 있겠지
친구야 오늘은 울지 않더냐

반납

누군가의 이름이 머리끝에 복제된 밤이면
어제 본 하현달의 달빛이 스며들어
나는 점점 작아지는 달이 된다
날을 먹으면 먹을수록 작아져
구름 한 가닥 잡아다가 옆에 놓고
옹졸한 담요 덮어 조여드는 숨통을
쫓아가는 조바심을 버리려
그만 눈 감아 버리지
그 안에 들어가지 못하고
생각의 문을 잠그고
공간 속에 가둬버리지
명함을 가만 서랍에 넣지

창窓과 창窓 사이

너의 창窓은 어제 불던 바람이 아직 불어
나의 창窓은 늙은 어머니의 눈망울처럼 적적해
너의 창窓은 배고픈 고양이처럼 쉼없이 걸어가
나의 창窓은 시선을 어디 둘지 모르는 외톨이처럼 멈춰있어
너의 창窓은 5일장에 끌고 가는 간이수레처럼 시끌시끌해
나의 창窓은 발길 닿지 않은 절간처럼 고요해
너의 창窓은 먹을거리 푸진 들녘처럼 배가 불러
나의 창窓은 빗장 닫힌 빈 곡식 창고처럼 허기져
너의 창窓은 살아있는 것들의 무도회로 눈이 부셔
나의 창窓은 남은 별빛마저 꺼진 밤처럼 어두워
너의 창窓은 새 세상을 만나러 가는 계단이 있어
나의 창窓은 쳇바퀴 굴리는 다람쥐처럼 지루해
너의 창窓은 햇빛에 반한 이슬방울처럼 뇌가 반짝여
나의 창窓은 며칠 굶은 물고기 눈처럼 멍해
너의 창窓은 등 짐 지고 걷는 지게꾼처럼 씩씩해
나의 창窓은 할 일을 미룬 게으름뱅이처럼 뒷짐져
너의 창窓은 바라지문 쉴새 없이 드나드는 시골

집처럼 함께지만
　나의 창窓은 꿀밤 외엔 도와줄 수 없는 아우의 숙제처럼 혼자야
　너의 창窓은 물의 낙하를 받아주는 물레방아처럼 연신 돌아가고
　나의 창窓은 더 이상 날 힘을 잃은 새처럼 여기 앉아 쉬고
　너의 창窓은 오감을 자극하는 음식을 먹듯 몸으로 쓰고
　나의 창窓은 게으른 생각만 하고
　너의 창窓은 열렬히 살아있고
　나의 창窓은 쥐약을 놓은 듯 죽어있고
　너의 창窓은 삶을 휘감고 솟는 무지개색이고
　나의 창窓은 고집스런 단색이고
　너의 창窓은 끊임없이 말을 하고
　나의 창窓은 여전히 침묵
　너와 나의 창窓은
　너와 나의 또 다른 거울

마스크

지나가는 소리
서 있는 망령
볕이 따가워
폭발할 것 같아
기폭제를 구하러
중심이 뚫린 다리를 건너
해진 공기와 싸우다
손거울을 비추었어
흰 빛줄기를 타고
꼭대기에 이르니
바다가 펼쳐지고
마음은 울렁거려
떨리는 눈동자
날을 세던 병아리
껍질을 깨고 나가듯
공간을 여행하다
숨 한번 크게 턱!

티백

팽그르르 눈물도 없이 어지러이 돌고
도는 너의 중심은 없고 줏대는 날아가고
매치는 모습마저 안스러운 실 한가닥에 매달려
아웅다웅
잡아라 너의 핵을 방황하다 돌아오라 끝내 지쳐
쓰러진다 해도
너는 너를 일으킬 수 있는 유일한 심지이어라

신호등

매일 나를 지켜보고 있다
횡단보도 앞에서
말을 탄 사내처럼
먼 하늘을 응시하며
직선으로 가다
모퉁이를 돌아 나오고
몸 한쪽이 뒤틀린 것처럼
아슬아슬하게 건너기도 한다
초록은 내게 허락된 시간
빨강은 정지된 화면처럼
눈만 끔뻑끔뻑 생각을 읽고 있다
너의 길이 어딘지
나의 길은 여기가 맞는지
서로의 눈치를 보고 있다
어디서건 공간을 헤매이는 건
너와 나의 키재기 같은 것
뒤꿈치를 들고 재간을 부리듯
시큰둥하게 깜박이는
너를 향해 걸어간다
오늘은 이쯤 해두자고

현수막

작년 9월 이틀 동안 빵 세일
지금도 가격인하
작년 내내 세일
올해도 세일 중
빵 가게는 어디인지
싸게 파는 날도 알 수 없는
바랜 글자 옆 식은 빵 바구니
날마다 공중에서 빵을 판다
매일 소문 없이 빵을 굽는다

가로등

열병을 앓다
날이 새고 한숨 자는
낮밤이 바뀌어
나랑 반대로만 하는
청개구리 같은

한동안 빛을 잃어버린
어둔 길을 걷다
걱정이 난산難産할 때
나만 몰래 애타는
짝사랑 같은

밝은 창을 내어주고
심심타 졸라대는 아이와
숨바꼭질하는 달님
별 하나 지켜보는
벽그림자 같은

빛줄기를 내게 뻗어
어제를 바라보다
장님이 되게하는
눈 뜨는 게 어려운
겨울잠 같은

어둑해진 날

오후엔 강풍에 눈이 온다 했다
생각보다 비가 앞서고 있다
마른 땅이 서서히 얼룩지고 있다
우산 없는 옷도 얼룩지고 있다
확 펴버린 브로콜리처럼
덩치가 커지고 있다
강풍을 타고 세로로 누웠던
비가 몸 풀어 눈이 되었다

무게의 철학

바람을 견디기 위해 물먹은 패트병은 얼음처럼 꽁꽁 묶여 있어야 한다

5월을 견디기 위해 부처님을 모시는 연등은 뼈 없는 해파리처럼 하늘을 헤엄쳐야 한다

꽃의 무게를 내려놓은 버찌나무는 마치 처음 처럼 다시 열매의 무게를 견뎌야 한다

나이의 무게를 견장처럼 단 노인은 젊음이처럼 아름다운 노년을 얘기해야 한다

잔디와 어우러지는 민들레의 여름도 화살나무와 한 집 쓰는 망초의 꿈도

우는 소리 없이 똥 누는 애기똥풀의 설움도 견딤의 이유가 있어야만 견디는 것은 아니리라

누가 그렇게 떠미는 것도 닥달하는 것도 아닌데

감히 아니라고 말하지 못하고 달아나지 못하면 그 무게를 오롯이 견뎌야 한다

나는 무엇을 견디기 위해 머리하나 생각하나 들고 어지러이 걷고 있는가

무게도 철학도 없이 바보처럼

바다와 아이

가벼이 밀려오니 아이가 맞선다
들썩이며 춤추니 아이가 춤춘다
가끔 성을 내도 아이가 웃는다
파도가 높아질수록 아이는 신난다
아이가 신날수록
아이의 신발과 나는 점차 물러난다
파도와 고무줄놀이를 끝낸 아이
모래 위 삽화 하나 두고 간다
아이가 떠난 바다엔
바람이 제 모습을 드러내고
아이를 잃은 바다는
아쉬운 듯 더 큰 파도를 불러들인다

암태도에서

바람이 흔드는 바닷가 마을에 물이 끓고 있다
죽음처럼 까맣던 물빛이 아침에는 물 대는 논물처럼
넓은 뜰을 쉼 없이 써레질하고 있다
여섯 개의 집체만한 기둥이 버티는 다리가 섬과 섬에 자동차를 나르고
주섬주섬 옷을 껴입은 다리 밑 덩굴은 몰려오는 찬바람에 몸을 맡기고 있다
길가에 버려진 쇠기둥은 피눈물 흘리는데 돌은 짠내를 맡아도 녹슬지 않는다
속이 부글부글 끓어오르는 물살이 모난 돌을 가만두지 않는다
부둣가 콘테이너 어촌마을 회의실에는 어부가 없다
정박해놓은 배는 서로를 넘나들지 않고 뻘 속에 박힌 어린 조각배를 돌보고 있다
회의실 옆 바구니에 들어선 소주 빈 병이 아침을 빛내고 있다
아까시 잘게 떠는 텃밭엔 국화 몇 그루
늙은 호박 하나가 퍼지게 앉아 얼굴을 태우고 있다
오늘은 손도 일도 없다
갯바람이 가시지 않는 물이 연신 끓고 있다

통증이 밀려오는 뒤통수에 열이 나고 있다
밤을 지낸 낚시꾼의 찌엔 고기가 없다
긁어도 후련하지 않은 등처럼 물 밑바닥은 아직
가렵다
바람과 섞여버린 물빛에 초점이 없다
눈빛이 미지근하다
잠시 가을빛이 물빛에 앉아 맑아진다
오늘 나의 시력은 거침없이 휘젓는 보트 운전사
처럼 변덕부리는 물빛에 조정 당한다
오늘은 내게도 올 손님이 없다

무안 포구에서

갯바람 부서지는 바다에 발 담그고
작은 마을이 들어선 산자락에 누워
하늘거리는 파란 이불을 덮고
허리 굽은 나무 차양막을 드리우면
지치지 않고 두드리는 파도에
무뚝뚝한 바위도 화가 누그러지리라
흙무지개 뜬 물결은 굳은 내 맘 아는지
섞이지 않고 잘도 견디네
은바람 뛰노는 그 끝에 널 가두었구나
너는 가는 나무에 나는 쇠창살에
언제 풀려날지 모르는 그 바람 곁에
작은 돌멩이로 너에게 말 걸어본다
넌 뾰로통하니 대답이 없다
네가 두 팔 들어 바람맞을 때
나는 뺨 맞아도 끄떡없는 방파제처럼 서 있다
네가 보이지 않아도 네 옆에 가끔 눈을 끔뻑이며
배를 하늘에 대고 누운 새끼복어처럼
해저녁 먹을거리 없어 끼니를 굶는다 해도
터질듯한 배를 내놓고 짠 바닥에는 눕지 않으리
모퉁이에서 바람은 서로 쫓아다니고
우직한 산은 점점 말수가 적어지고
나는 나를 안아주는 구름 사이에 걸터 있다

고향

낱알의 옥수수가 여름내 까다로운 식성을 즐겁게 하고
마른 잎 초라한 꽃 촉촉한 이슬이 수고로움을 적셔주고
가을까정 가마솥 뜨겁게 달구어
작은 대문을 지키던 하나같이 명예롭게 져버린
능소화의 인내 어린 기다림을 알고 있듯
이름 없는 고양이 한가득 생각에 젖어
또 다른 계절을 부르고 있네요
내년 여름엔 더욱 알찬 열매가 겨우내 언 텃밭을 떠들썩하게 하겠지요

졸업

가려 하지 않아도
시간이 그리했다

시린 겨울 후
어김없이 봄 오듯

이른 햇살 소풍 나와
가슴 꽃은 만개하였으나

마실길 남은 여정은
봉긋 머문 꽃봉오리처럼

셀 수 없는 설렘을 안고
그렇게 떠나왔다

끝이 아닌 끝이라 여기며
오누이 봄나들이 가듯

오려하지 않았으나
시간이 그리했다

졸지에
고 3도
고 3 엄마도
졸업했다

현대문예 작가선 · 162

달팽이 | 김 진 시집

지 은 이 / 김　　진
발 행 인 / 황 하 택

찍 은 날 / 2022년 1월 21일
펴 낸 날 / 2021년 1월 25일
발 행 처 / 도서출판 현대문예

주　소 / 광주광역시 동구 천변우로 361-6
전　화 / (062)226-3355 팩스 (062)222-7221
cafe.daum.net/ht3355
E-mail / ht3355@hanmail.net

등록번호 / 제05-01-0260호
등록일자 / 2001년 12월 31일

정가 10,000원
ISBN 978-89-94028-83-5